[ALM]ANACH

[CEN]TENAL,

POUR LE 19.e SIÈCLE,

CONTÉNANT

[illegible] PLANÈTES, LEUR INFLUENCE SUR LA [illegible] DES HOMMES, LES SIGNES DE LA [illegible] LES [illegible] DIVERS REMÈDES POUR [illegible] PLUSIEURS RECETTES UTILES POUR LE [illegible] DES MALADIES QUE L'ON PEUT TRAITER [illegible] SECOURS DES MÉDECINS, EN SUIVANT AVEC [illegible] USAGE DES REMÈDES INDIQUÉS; ENFIN, DES RECETTES POUR CLARIFIER ET RÉTABLIR LES VINS, [ET] AUTRES, TRÈS-UTILES, À LA PORTÉE DE TOUT [LE] MONDE.

PAR J. F. L.

A METZ,
[illegible]RONVAIS, Imprimeur,
[Pla]ce de l'Hôtel de Ville.
[illegible] à 1899.

déserté, *rayé*. Les hommes qui seront montés à un nouveau grade, ne sero[illegible]

(*B*) Les supplémens de solde accordés dans Paris ou dans d'autres Place[illegible] donc portées dans ces colonnes.

(1) Les journées de solde, de supplément de solde et d'indemnités de loge[illegible]

NOMS ET PRÉNOMS.	GRADES.	AGE.	INDICATI[illegible] DES OFFICIE[illegible]	
			PRÉSENS	ABSENS, mais comptant à l'Effectif.
1.	2.	3.	4.	5.
V				

ALMANACH

CENTENAL,

POUR LE 19.e SIÈCLE,

CONTENANT

LA RÉGIE DES PLANÈTES, LEUR INFLUENCE SUR LA SANTÉ DES HOMMES, LES BIENS DE LA TERRE; LES CHANGEMENS DE TEMPS; DIVERS REMÈDES POUR LES CHEVAUX; PLUSIEURS RECETTES UTILES POUR LA GUÉRISON DES MALADIES QUE L'ON PEUT TRAITER SANS LE SECOURS DES MÉDECINS, EN FAISANT AVEC SOIN L'USAGE DES REMÈDES INDIQUÉS; ENFIN, DES RECETTES POUR CLARIFIER ET RÉTABLIR LES VINS, ET AUTRES TRÈS-UTILES, A LA PORTÉE DE TOUT LE MONDE.

PAR J. F. L.

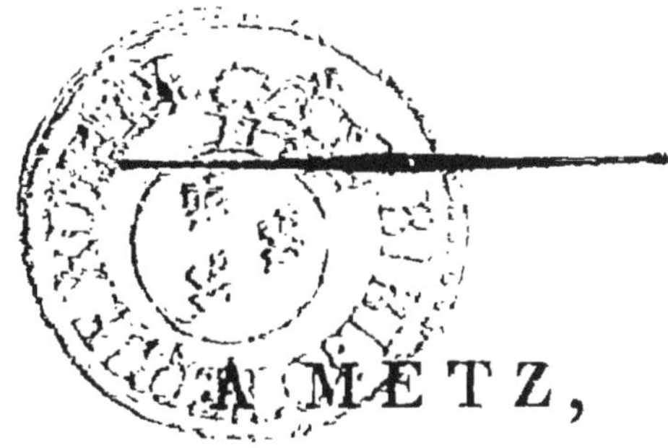

A METZ,

Chez M.me VERRONNAIS, Imprimeur-Libraire, place de l'Hôtel-de-ville.

De 1800 à 1899.

PRÉFACE.

Dans cette édition du Calendrier centenal, le lecteur trouvera les fêtes mobiles, et par quelle planète chaque année se trouve régie; les changemens de temps, de saison; les époques propres à ensemencer; diverses recettes nécessaires pour des maladies auxquelles les enfans sont sujets; des données certaines sur les engrais des terres et des jardins; enfin, différentes recettes très-utiles dans un ménage. On a réuni, dans ce petit ouvrage, ce que les meilleurs auteurs ont écrit sur les sujets qui y sont traités.

Années	PLANÈTES	MARDI GRAS.	PAQUES.	PENTECÔTE.
1801	Vénus.	17 février.	5 avril.	24 mai.
1802	Mercure	2 mars.	18 avril.	6 juin.
1803	La Lune.	22 février.	10 avril.	29 mai.
1804	Saturne.	14 février.	1 avril.	20 mai.
1805	Jupiter.	26 février.	14 avril.	2 juin.
1806	Mars.	18 février.	6 avril.	25 mai.
1807	Le Soleil	10 février.	29 mars.	17 mai.
1808	Vénus.	1 mars.	17 avril.	5 juin.
1809	Mercure	14 février.	2 avril.	21 mai.
1810	La Lune.	6 mars.	22 avril.	10 juin.
1811	Saturne.	26 février.	14 avril.	2 juin.
1812	Jupiter.	11 février.	29 mars.	16 mai.
1813	Mars.	2 mars.	18 avril.	6 juin.
1814	Le Soleil	22 février.	10 avril.	29 mai.
1815	Vénus.	27 février.	26 mars.	14 juin.
1816	Mercure	27 février.	14 avril.	2 juin.
1817	La Lune.	18 février.	6 avril.	25 mai.
1818	Jupiter.	3 février.	22 mars.	10 mai.
1819	Saturne.	23 février.	11 avril.	30 mai.
1820	Mars.	15 février.	3 avril.	21 mai.
1821	Le Soleil	6 mars.	22 avril.	10 mai.
1822	Vénus.	19 février.	7 avril.	26 mai.
1823	Mercure	11 février.	30 mars.	18 mai.
1824	La Lune.	2 mars.	18 avril.	6 juin.
1825	Jupiter.	15 février.	3 avril.	22 mai.
1826	Saturne.	7 février.	26 mars.	14 mai.
1827	Mars.	27 février.	15 avril.	3 juin.
1828	Le Soleil	19 février.	6 avril.	25 mai.
1829	Vénus.	3 mars.	19 avril.	7 juin.
1830	Mercure	23 février.	11 avril.	30 mai.
1831	La Lune.	15 février.	3 avril.	22 mai.

Années	PLANÈTES	MARDI GRAS.	PAQUES.	PENTECÔTE.
1832	Jupiter.	6 mars.	22 avril.	10 juin.
1833	Saturne.	19 février.	7 avril.	26 mai.
1834	Mars.	11 février.	30 mars.	18 mai.
1835	Le Soleil	3 mars.	19 avril.	7 juin.
1836	Vénus.	16 février.	3 avril.	22 mai.
1837	Mercure	7 février.	26 mars.	14 mai.
1838	La Lune.	27 février.	15 avril.	3 juin.
1839	Jupiter.	12 février.	31 mars.	19 mai.
1840	Saturne.	4 mars.	19 avril.	7 juin.
1841	Mars.	23 février.	11 avril.	30 mai.
1842	Le Soleil	8 février.	27 mars.	15 mai.
1843	Vénus.	28 février.	16 avril.	4 juin.
1844	Mercure	20 février.	7 avril.	26 mai.
1845	La Lune.	4 février.	23 mars.	11 mai.
1846	Jupiter.	24 février.	12 avril.	31 mai.
1847	Saturne.	6 février.	4 avril.	23 mai.
1848	Mars.	7 mars.	23 avril.	11 juin.
1849	Le Soleil	20 février.	8 avril.	27 mai.
1850	Vénus.	12 février.	31 mars.	19 mai.
1851	Mercure	4 mars.	20 avril.	8 juin.
1852	La Lune.	24 février.	11 avril.	30 mai.
1853	Jupiter.	15 février.	27 mars.	15 mai.
1854	Saturne.	23 février.	16 avril.	4 juin.
1855	Mars.	20 février.	8 avril.	27 mai.
1856	Le Soleil	5 février.	23 mars.	11 mai.
1857	Vénus.	24 février.	12 avril.	31 mai.
1858	Mercure	16 février.	4 avril.	23 mai.
1859	La Lune.	8 mars.	24 avril.	12 juin.
1860	Jupiter.	21 février.	8 avril.	27 mai.
1861	Saturne.	12 février.	31 mars.	19 mai.
1862	Mars.	4 mars.	20 avril.	8 juin.

Années	PLANÈTES	MARDI GRAS.	PAQUES.	PENTECÔTE.
1863	Le Soleil	17 février.	5 avril.	24 mai.
1864	Vénus.	9 février.	27 mars.	15 mai.
1865	Mercure	28 février.	16 avril.	4 juin.
1866	La Lune.	13 février.	1 avril.	20 mai.
1867	Jupiter.	5 mars.	21 avril.	9 juin.
1868	Saturne.	25 février.	12 avril.	31 mai.
1869	Mars.	9 février.	28 mars.	16 mai.
1870	Le Soleil	1 mars.	17 avril.	5 juin.
1871	Vénus.	21 février.	9 avril.	28 mai.
1872	Mercure	13 février.	31 mars.	19 mai.
1873	La Lune.	25 février.	13 avril.	1 juin.
1874	Jupiter.	17 février.	5 avril.	24 mai.
1875	Saturne.	9 février.	28 mars.	16 mai.
1876	Mars.	29 février.	16 avril.	4 juin.
1877	Le Soleil	13 février.	1 avril.	20 mai.
1878	Vénus.	5 mars.	21 avril.	9 juin.
1879	Mercure	25 février.	13 avril.	1 juin.
1880	La Lune.	10 février.	28 mars.	10 mai.
1881	Jupiter.	1 mars.	17 avril.	5 juin.
1882	Saturne.	21 février.	9 avril.	28 mai.
1883	Mars.	6 février.	25 mars.	13 mai.
1884	Le Soleil	26 février.	13 avril.	1 juin.
1885	Vénus.	17 février.	5 avril.	24 mai.
1886	Mercure	9 mars.	25 avril.	13 juin.
1887	La Lune.	22 février.	10 avril.	29 mai.
1888	Saturne.	14 février.	1 avril.	20 mai.
1889	Jupiter.	5 mars.	21 avril.	9 juin.
1890	Mars.	18 février.	6 avril.	25 mai.
1891	Le Soleil	10 février.	29 mars.	17 mai.
1892	Vénus.	1 mars.	17 avril.	5 juin.
1893	Mercure	14 février.	2 avril.	21 juin.

Années	PLANÈTES	MARDI GRAS.	PAQUES.	PENTECÔTE.
1894	La Lune.	6 février.	25 mars.	13 juin.
1895	Saturne.	26 février.	14 avril.	2 juin.
1896	Jupiter.	18 février.	5 avril.	24 mai.
1897	Mars.	2 mars.	18 avril.	6 juin.
1898	Le Soleil	22 février.	10 avril.	29 mai.
1899	Vénus.	14 février.	2 avril.	21 juin.
1900	Mercure	27 février.	15 avril.	3 juin.

SATURNE.

La première, la plus élevée et la moins visible des planètes. Il termine son cours une fois en trente ans; il est d'une nature froide, et un peu sèche; il régit, dans ce siècle, les années ci-après :

1804, 1825, 1846, 1867, 1888,
1811, 1832, 1853, 1874, 1895,
1818, 1839, 1860, 1881.

Les pays soumis à son influence, sont : la Thrace, la Grèce, la Thuringe, la Marche-de-Hesse, l'Inde, Moskou, la Westphalie, l'Arabie pétrée et la Valachie.

Les personnes qui naissent sous son règne ont l'habitude de tenir les yeux baissés, sont maigres, assez souvent contrefaites, ont peu de barbe, sont peureuses, silencieuses, superstitieuses, fausses, avares, tristes, pauvres, quoiqu'industrieuses, malheureuses dans leurs entreprises, dures, aimant la solitude, sujettes à de longues maladies, et se faisant beaucoup d'ennemis.

DE L'ANNÉE EN GÉNÉRAL.

L'année saturnale est froide et humide, quoique par fois sèche.

LE PRINTEMPS

Est très-sec et très-froid jusqu'en mai, quoique les premiers jours d'avril laissent espérer le beau temps. En mai, les jours sont beaux, les nuits froides, ce qui produit une grande aridité, malgré quelques pluies intermittentes; la floraison réussira mal en mai. Après, le temps sera passablement agréable et chaud, mêlé de pluies. L'herbe mûrira tardivement.

L'ÉTÉ

Sera pluvieux, peu productif, la moitié de juillet sera chaud et il fera beau: le reste de cette saison sera continuellement humide et aura des orages.

L'AUTOMNE

Sera froid et humide, il gélera très à bonne heure et il y aura une grande tempête. A la moitié d'octobre commenceront des froids vifs; novembre sera humide et chaud.

L'HIVER

Durera jusqu'au 21 mars de l'année suivante; il sera au commencement humide, gibouleux et pluvieux. Vers le 21 décembre, grande neige et grand froid qui dureront jusqu'en avril. Il sera bon de s'approvisionner de fourrages pour les moutons, parce qu'ils ne pourront sortir; il sera encore nécessaire de se pourvoir de chauffage et le faire entrer à bonne heure.

LES MARS.

Comme le printemps sera froid, et qu'on ne peut compter sur des chaleurs soutenues avant le mois de juillet, on ne doit pas trop se presser avec les semences. Les fèves, lentilles et pois devront être semés dans des terres maigres, afin que par l'humidité ils ne pourrissent pas, ou ne rendent que de la paille. L'orge réussira assez bien; le lin et le chanvre seront passables. Les herbes pourriront à bonne heure. Les carottes, navets et racines donneront assez. On fera une récolte médiocre en foin, et il faudra le rentrer à bonne heure. Il y aura beaucoup de regain, mais on aura de la peine à le rentrer. Il fera bon faire sa provision de fourrages cette année, car les deux suivantes il y aura peu d'orge, de foin et d'avoine.

GROS GRAINS.

Réussiront peu.

SEMAILLES D'AUTOMNE.

Il faudra semer le froment et le seigle à bonne heure, malgré les pluies. On empêchera les moutons d'aller sur les semences, parce qu'elles ne seront pas abondantes.

FRUITS.

Ils réussiront assez bien ; il y aura surtout beaucoup de poires et de prunes.

HOUBLON.

Il y en aura peu, mais il sera bon.

VENDANGES.

Le printemps donnera de l'espoir, il y aura cependant peu de choses ; la fleur manquera, les graines tomberont, mais ce qui échappera sera bon.

VENT, PLUIES ET ORAGES.

Il y aura deux ou trois grands coups de vent, des pluies et des giboulées, mais peu d'orages accompagnés de tonnerre et d'éclairs.

INSECTES.

Il y aura beaucoup de serpens et de couleuvres, et en hiver beaucoup de souris. Les vers seront rares dans les grains, et s'il en existe, ils périront l'hiver.

POISSONS.

L'année produira passablement de saumons et de truites ; des autres poissons en abondance pendant l'été, et en automne encore plus.

MALADIES.

A la fin de l'été et de l'automne, les hommes seront attaqués de fièvres contagieuses, de cours de ventre, de dyssenteries, de rhumes de poitrine, de goutte, de coups de sang.

CHANGEMENS DE TEMPS.

Mars. Du 22 au 28, dur et froid; le 30, neige et froid.

Avril. Du 1.er au 4, très-froid; le 5, temps clair, beau et chaud; 7 et 8, trouble et pluvieux; du 12 au 17, très-froid, clair et venteux; le 19, un peu de pluie; 20 au 22, froid et âpre; le 23, chaud et couvert; 24 et 25, trouble, chaud, pluie et soleil; 26 au 28, beau, nuageux; 29, pluie; après, beau et froid.

Mai. Le 3 au matin, froid, d'ailleurs beau; le 4, orage et giboulée; le 5, variable et frais; le 6, forte gelée blanche, le jour clair et frais; du 8 au 25, les nuits froides et les jours souvent chauds; le 27, air vif; 28 au 30, pluie; 31, une forte gelée blanche, dangereuse, du vent, et le soir de la pluie.

Juin. Du 2 au 4, très-froid et dur; 5, pluie très-froide; 7, 8 et 9, pluie chaude, un peu de soleil; 26, pluie; 28, très-beau temps; 30, temps sombre.

Juillet. Le 2, sombre et dur; 3, pluie; 4 au 8, chaud et beau temps; 10, orages pendant la nuit et forte pluie; 11, forte pluie; 12 au 18, grande chaleur; 19 au 31, pluie continuelle.

Août. Du 1.er au 5, sombre et peu de pluie; 6, beau temps, la nuit fraîche; 7, orageux et pluvieux; 8, assez beau; 9 au 14, pluie; 17, beau; 18, gros temps, tonnerre, tempête et grande pluie qui fera sortir le grain de la terre dans certains pays.

Septembre. Du 2 au 5, vent et un peu froid; 6, pluie, chaleur et tonnerre; 8, pluie; 11, gros nuages sans pluie; 13 et 14, gelée blanche et petite gelée sèche; 15, clair et chaud; 16 et 17, gros nuages sans froid; 18, matin nébuleux, puis très-froid, et jusqu'à la fin du mois passablement froid.

Octobre. Du 2 au 9, pluie avec grand vent; 10 et 11, clair; 12 au 22, pluie et nuageux; 24 au 26, nébuleux et pluie non durable; 29 au 31, un peu froid.

Novembre. Le 2 et 3, clair et froid; 4 et 5, pluie; 6 au 8, beau temps; 9 au 15, pluie; 16 au 20, variable; 23 et 24, très-froid; 25, pluie; 26, un beau jour d'automne; 28, le jour beau, la nuit pluvieuse; 29, clair; 30, venteux.

Décembre. Le 5, pluie et neige, s'éclaircira ensuite; le 8, pluie toute la journée; le 9, chaud et sombre; le 10, grande pluie; le 11, beau; le 12, nuageux;

le 13, très-forte pluie; 14 au 18, sombre; le 20, clair et glace; 21 au 30, clair, tranquille et froid.

Janvier. Du 2 au 4, sombre et peu froid; le 6, neige et pluie, mais la neige tiendra; le 7, un peu de neige; le 9, sombre; le 11, neige; le 13, sombre et venteux; le 14, neige; le 19, sombre, venteux et passablement froid; le 21, froid très-vif; 22 et 23, vent et neige; 24 et 25, clair très-froid; 26, froid presque pas supportable; 29 et 30, neige et grand vent; 31, froid piquant.

Février. Du 3 au 5, très-froid; 6, neige, puis très-froid; le 8, froid à geler dans toutes les caves; 9 et 10, froid si fort que beaucoup de personnes, bestiaux et oiseaux geleront; 11, froid un peu moins dur; 13 et 14, grand vent, neige et très-froid; 15, sombre; 16 et 17, neige; 18, sombre, un peu de neige et toujours froid; 19, temps couvert; 20, moins froid; 22 et 23, pluie qui fera fondre la neige en grande partie; 29, brouillard épais et variable.

Mars. Du 2 au 4, grand vent, neige et froid; 5 et 6, temps clair; 7 au 9, pluie; 11, neige; 12, dur; 13 et 14, beau, le matin gelée; 15, neige, 16 et 17, clair et froid ; 18, air très-vif ; 19 et 20, très-froid et grande neige ; le 20, froid, vent et neige.

JUPITER.

Est la planète la plus voisine de Saturne, et remplit sa course tous les 12 ans une fois ; elle est de sa nature humide et chaude, tempérée et vive. Les personnes qui naissent sous son règne sont belles, blanches et bien faites, d'un bon caractère, habiles dans la profession qu'elles choisissent, et heureuses dans leurs entreprises.

Il régit, dans ce siècle, les années ci-après :

1805, 1826, 1847, 1868, 1889,
1812, 1833, 1854, 1875, 1896,
1819, 1840, 1861, 1882.

Les pays soumis à son influence, sont : le Portugal, la Sicile, la Calabre, la Normandie, la Lydie, l'Espagne, la Dalmatie, la Hongrie et l'Arabie heureuse.

DE L'ANNÉE EN GÉNÉRAL.

L'année est passablement bonne, mais

plus humide que sèche, ce qui provient de ce que la planète Saturne a un hiver long et soutient ses froids pendant le printemps. L'année est tardive, quoique Jupiter incline vers l'abondance et la fertilité. Il arrive assez ordinairement que les récoltes sont retardées de trois semaines.

PRINTEMPS.

Est froid et humide jusqu'en mai; dans le milieu de ce mois, il y a 10 à 12 jours tempérés et doux; ensuite, jusques sur la fin, il est froid et humide.

ÉTÉ.

Au commencement froid et humide, dans le milieu beaucoup d'orages, à la fin très-chaud. Si l'été est sec, ce qui arrive à peine une fois en 28 ans sous cette planète, les grains deviennent chers; l'été sera sec, si, en février, mars, avril ou mai, il y a une éclipse de soleil.

AUTOMNE.

Est pluvieux.

HIVER.

Au commencement quelques jours

froids, beaucoup de neige vers la fin; cependant doux, sans neige, mais avec de grands vents.

LES MARS.

La récolte sera abondante en orge, on devra en faire provision, parce que les deux années suivantes elle manquera. Les fèves réussiront; il y aura peu d'avoine, de pois et de millet. Le chanvre et le lin seront courts, mais bons. Assez de foin et de regain, mais pas partout; on fera bien de s'approvisionner de foin, paille et avoine.

GROS GRAINS.

Il faut se garder de laisser aller les moutons sur les semences; l'année sera tardive.

SEMAILLES D'AUTOMNE.

Quoique l'hiver soit long, il vaut mieux semer à bonne heure que tard, surtout le froment à cause du printemps, lequel sera sec.

FRUITS.

Il n'y en aura presque point; peu de poires, point de glands, mais un peu de faînes.

HOUBLON.

Le houblon ne produira pas beaucoup, mais il aura de la force.

VENDANGES.

En 28 ans, il arrive à peine une fois que, dans l'année sous l'influence de Jupiter, le vin soit d'une bonne qualité. Il y en a ordinairement peu et il est aigre; quand bien même les apparences seraient des plus belles, on ne peut guère compter que sur un quart de vendange, et sur un vin très-ordinaire. Si cependant, en février, mars, avril ou mai, il y avait une éclipse de soleil, on pourrait espérer que le vin aurait un peu de qualité.

INSECTES.

Si, comme il est de coutume, cette année est, pour la grande partie, froide, on verra peu de serpens, de couleuvres, de sauterelles, ni de vers; mais à la fin de l'automne il y aura beaucoup de souris.

POISSONS.

Il y en aura passablement dans tous les pays.

MALADIES.

A l'automne, celles régnantes seront les maux de tête, les vapeurs et abcès à la rate.

CHANGEMENS DE TEMPS.

Mars. Le 22 et 23, pluie et neige; 24, gelée, froid et clair jusqu'au 27; ensuite, trouble et pluie jusqu'à la fin du mois.

Avril. Beau jusqu'au 6, après quoi pluie, froid et variable jusqu'au 30.

Mai. Le 2, beau et chaud jusqu'au 22, de temps en temps orageux, chaud et fertile; le 23, sombre et déplaisant; 24 au 26, sombre et froid jusqu'à la fin. Si la vigne n'est pas suffisamment garnie de feuilles, elle pourra geler.

Juin. Les premiers jours, gelées blanches et air rude jusqu'au 8; après, beau et chaud jusqu'au 11. Ce jour il y aura une très-grande pluie avec un vent effroyable; le 24, gelée blanche; 25 au 30, beau temps et très-chaud.

Juillet. Temps frais jusqu'au 9, les journées chaudes, les nuits fraîches jusqu'au 12; 13 au 31, grande sécheresse.

Août. S'annoncera par de très-beau temps et chaud, ensuite déplaisant jusqu'au 12, après quoi, beau sans interruption jusqu'au 31.

Septembre. Commence par un temps désagréable et avec de la pluie jusqu'au

10 ; 11 au 14, beau temps ; 15 au 18, pluie ; 19 au 21, beau ; 22 au 25, pluie ; 26 au 30, beau.

Octobre. Premier au 8, beau temps ; 9 au 13, couvert ; 14 et 15, agréable ; 17, gelée blanche ; 18, gelée ; 19 au 21, après midi, toujours beau et chaud ; 27 au 31, sombre.

Novembre. Premier au 7, beau temps ; 8 au 10, pluie ; 11 au 19, neige ; 20 au 24, beau ; 25 au 30, variable.

Décembre. Désagréable, nébuleux et neige jusqu'au 10 ; 11 au 28, sec ; rude et froid ; 29, pluie ; 30 et 31, assez beau.

Janvier. En entier sec et froid tempéré.

Février. Premier au 11, beau, agréable ; 12 au 18, neige et vent, ensuite froid jusqu'à la fin.

Mars. Premier au 8, froid le matin, le soir, forte rosée ; 8 et 9, pluie et neige alternativement ; 10 au 21, froid.

MARS.

Est une planète claire et brûlante : elle brille beaucoup et termine son cours tous les deux ans. Mars est de nature emporté, plein de vivacité, colère. Ceux qui naissent sous son règne ont des cheveux rouges, sont téméraires, causeurs, prodigues, et aiment à s'emparer du bien d'autrui.

Il régit, dans ce siècle, les années ci-après :

1806, 1827, 1848, 1869, 1890,
1813, 1834, 1855, 1876, 1897,
1820, 1841, 1862, 1883.

Les pays soumis à son influence, sont : la Bavière, la Norwège, l'Angleterre, la France, la Suède, la Silésie, la Pologne, la Bourgogne et le Danemarck.

DE L'ANNÉE EN GÉNÉRAL.

L'année est plus sèche qu'humide, malgré quelques pluies en certains temps ; il y a plusieurs années de sécheresse sous cette planète.

PRINTEMPS.

Est ordinairement sec, dur et froid ; il ne faut pas laisser les moutons longtemps sur les semences, ni dans les prés, ce qui empêcherait la crue. Beaucoup de gelées blanches, d'airs durs et vifs jusqu'au 9 juin, qui feront du dommage.

ÉTÉ.

Parmi toutes les planètes, aucune n'a l'été aussi constamment brûlant, et dans certains pays la chaleur est telle que le bois sec brûle dans les forèts. Les nuits sont chaudes et étouffantes. Les eaux des rivières et des fontaines sont très-basses.

AUTOMNE.

Sera encore plus sec qu'humide, on peut s'attendre à récolter du bon vin. Avant l'avent, il neigera beaucoup, et malgré quelques gelées dans le courant du mois d'octobre, novembre sera généralement chaud.

HIVER.

Sera froid, plutôt sec qu'humide, et très-variable.

LES MARS.

Si l'orge a été semée dans de bonnes terres fraîches et à bonne heure, il y en aura une suffisante quantité; mais celle semée tard et dans un terrein sableux, rendra peu et restera petite; il faut qu'au printemps la semaille soit achevée. Il y aura peu d'avoine, mais elle sera bonne : dans les bonnes terres, on récoltera passablement de pois; les lentilles et les vesces devront être semées comme l'orge et dans les mêmes terreins; le millet devra aussi être semé à bonne heure. Le lin réussira mal, le chanvre sera petit, chétif, mais bon. Peu de foin et de regain, c'est pourquoi on devra faire sortir à temps les moutons des prairies.

GROS GRAINS.

La récolte en seigle sera riche, le froment passable; mais on ne doit pas, au printemps, y laisser entrer les moutons trop tôt.

SEMAILLES D'AUTOMNE.

Comme l'hiver est tardif, on ne doit pas se presser d'ensemencer.

FRUITS.

Il y aura plus de poires que de pommes, peu de prunes et de cerises, comme aussi très-peu de noix et de glands.

HOUBLON.

Il y en aura peu, il aura à craindre,

au printemps, les gelées blanches et le hâle, ainsi que la grèle en été; mais ce qui restera sera bon.

VENDANGES.

Le vin sera bon et en certains endroits on peut espérer une bonne récolte. Après cette année, il y aura encore une assez bonne vendange. On devra, dans l'une ou l'autre, en faire provision ainsi que de grains.

VENT, PLUIES, TEMPÊTES.

L'année aura peu de vents et de pluies, mais de grands orages qui mettront facilement le feu.

INSECTES.

Il y aura une grande quantité de serpens et de sauterelles.

POISSONS.

Peu de poissons sont à espérer.

MALADIES.

Les fièvres chaudes régneront, beaucoup de dyssenteries, d'oppressions, de dispositions à la mélancolie, ainsi que dans les deux années suivantes.

CHANGEMENS DE TEMPS.

Mars. Le 21, gelée; les jours beaux, l'air vif jusqu'au 31.

Avril. Est ordinairement à la gelée jusqu'au 16, le temps pourra se radoucir jusqu'au 25, ensuite viennent des gelées blanches et des temps durs jusqu'au 29, où il devient plus agréable.

Mai. Commence le 3 avec du tonnerre, devient ensuite dur et frais jusqu'au 8, 3 jours plus doux suivent; le 11, gelée jusqu'au 20, après quoi beau et chaud; le 30, gelée blanche.

Juin. Les premiers jours gelée blanche suivie de temps trouble; le 9, gelée blanche, ensuite beau temps jusqu'à la fin du mois.

Juillet. Commence par de grandes chaleurs tant la nuit que le jour; il tonne presque journellement, reste beau jusqu'au 11, ensuite trouble et frais avec pluie jusqu'au 28; sur quoi, pluie jusqu'au 31.

Août. Est nébuleux ; les jours sont beaux et chauds, très-chaud jusqu'à la fin.

Septembre. Commence avec un très-beau temps jusqu'au 13, ensuite un peu frais, après quoi beau jusqu'au 27, puis des temps pluvieux et tristes jusqu'au bout du mois.

Octobre. Temps variable et gelée blanche du 1.er au 9; du 10 au 17, beaux jours d'été; le 23, froid; ensuite beau temps; du 27 au 30, passablement froid.

Novembre. Froid jusqu'au 10 après midi; le 11, commence un temps obscur, nébuleux et pluvieux; du 14 au 30, gelée.

Décembre. Froid, trouble, pluie et glace jusqu'au 10; le 11, neige et gelée jusqu'au 19, où il pleut; puis, froid jusqu'au 31.

Janvier. Froid jusqu'au 16; du 20 au 27, neige; 28 au 31, pluie.

Février. Premier au 8, obscur et pluie; 9 au 12, beau temps et agréable; 13 au 15, neige; ensuite très-froid; le 16, pluie et neige; du 18 au 28, pluvieux.

Mars. Temps dur jusqu'au 20.

LE SOLEIL.

A, presque toujours, soit qu'il monte ou descende, la planète Vénus près de lui. Cette planète est passablement bonne, chaude et sèche. Très-bonne ou très-mauvaise, suivant les apparences. Les personnes qui naissent sous son règne sont belles, crépues, fortes, sages, généreuses, réfléchies, tranquilles, grandes, bien faites, honorées, vivent longtemps, jouissent d'une bonne santé, sont franches, de bonne humeur, et peuvent aspirer aux richesses et aux honneurs.

Il régit, dans ce siècle, les années ci-après :

1800, 1821, 1842, 1863, 1884,
1807, 1828, 1849, 1870, 1891,
1814, 1835, 1856, 1877, 1898.

Les pays soumis à son influence, sont : l'Italie, la Sicile et la Bohème.

DE L'ANNÉE EN GÉNÉRAL.

L'année solaire est presque toujours sèche, peu humide et passablement chaude.

PRINTEMPS.

Est tempéré, au commencement assez humide, surtout en avril qui est le mois le moins sûr pour le temps. Mai est beau et sec, la fin a des gelées blanches et du froid qui continuent dans les premiers jours de juin, c'est pourquoi on doit empêcher les moutons d'aller sur les semences et dans les prairies.

ÉTÉ.

Juin pourrait bien avoir quelques gelées blanches, et avec cela grande sécheresse. Août au commencement impétueux, après cela clair et tranquille, les jours sont chauds, les nuits fraîches, et l'été se terminera par des orages.

AUTOMNE ET HIVER.

Est d'abord sec et beau, gelée blanche et glace à bonne heure, le froid sera tempéré. Février aura d'abord du beau temps, finira par de grands froids qui se continueront dans le mois de mars.

LES MARS.

On doit y travailler et ensemencer à bonne heure autant que possible, l'orge et l'avoine rendront peu, mais seront bonnes. Il y aura beaucoup de millet s'il est semé à temps; peu de lentilles, de pois et de vesces, s'ils n'ont été plantés dans des terres fortes et humides, et sur lesquelles le fumier aura été jeté à l'avance. Le lin sera de peu de valeur, le chanvre clair et court, très-peu de ſoin ; on devra retirer les moutons à bonne heure des prairies ; le regain sera beau ; les choux, herbages et racines ne croîtront pas bien à cause de la sécheresse.

GROS GRAINS.

Le seigle sera très-bon, mais peu abondant, ainsi que le froment. Au printemps, on devra éviter de laisser aller les moutons sur les semences.

SEMAILLES D'AUTOMNE.

Devront être ſaites profondément, afin qu'au printemps suivant elles ne germent pas. On n'aura pas besoin de se presser de semer.

FRUITS.

Plus de poires que de pommes, beaucoup de cerises, de noix, de prunes et glands.

HOUBLON.

Malgré les belles apparences dans le commencement, il y en aura très-peu, on fera bien d'en faire provision.

VENDANGES.

S'il n'y a pas eu de bon vin l'année précédente, il y en aura cette année, car Mars, le Soleil et Vénus procurent tous les sept ans une bonne récolte.

VENTS, PLUIES ET ORAGES.

Les vents d'est et du nord régneront cette année, quelquefois cependant ceux du sud et de l'ouest, mais rarement; beaucoup d'orages avec tonnerre, éclairs et grêle, bien à craindre pour les productions de la terre en général; mais point de fortes pluies.

INSECTES.

Beaucoup de crapauds et de serpens, beaucoup de sauterelles, assez de vers dans les grains.

POISSONS.

Il y en aura partout en suffisante quantité.

MALADIES.

Quand l'hiver tirera à sa fin, il y aura beaucoup de points de côté, des abcès intérieurs, des fièvres chaudes, des crampes, des attaques d'apoplexie, des inflammations de foie, des maux de tête, des courbatures.

CHANGEMENS DE TEMPS.

Mars. Le 22 et 23, très-froid; 25 au 31, gelée la nuit, et le jour dégel.

Avril. Du 1.er au 3, froid; le 4, beau et chaud; le 8, venteux et giboulée; 9, 10 et 11, beau et chaud; le 16, pluie et orage; le 19, beau; ensuite orage avec tonnerre jusqu'au 23; ensuite hâle; le 25, très-froid et sombre; le 30, froid.

Mai. Premier et 2, dur, venteux, froid; du 4 au 15, temps beau et chaud, un peu orageux et pluvieux; le 24 au matin gelée; le 27, beau; 28 et 29, froid et pluie; le 30, gelée blanche; ensuite pluie et neige tout le jour.

Juin. Le 2, beau; 3, grande pluie; 4 au 8, rude; 9, beau, chaud; le 10, variable; 11 au 14, frais; 15, pluie jour et nuit; 19, matin très-froid; 22 et 23, beau temps, très-chaud; 24, pluie continuelle; 25, froid; 26 au 30, pluie.

Juillet. Premier au 3, froid, sombre; 4, chaud; 6, froid; 7 au 18, temps chaud; 19 au 21, pluie; 23 au 31, beau, grande chaleur.

Août. Premier au 6, beau, chaud; 8, pluie; 9 au 11, sombre, un peu de pluie; 13, beau; 15, gelée blanche; 16, tonnerre, éclairs; le 17, pluie froide; 18 au 25, beau très-chaud; 26 au 28, journellement tonnerre avec pluie; 30 au 31, pluie.

Septembre. Premier au 4, temps chaud; le 4, pendant la nuit, orage et tonnerre; 5 au 9, clair et beau; 11, un peu de pluie; 18 au 25, variable, vent et giboulée; 27, beau et chaud; 28 au 30, pluie.

Octobre. Premier, beau; 2 et 3, gelée, clair; 4 et 5, beau temps; 7, pluie; 8 au 13, sombre et froid; 15, vent, sombre et pluie; 16, grand vent, neige; 19, variable; 24 au 27, grande pluie, un peu de neige; 29, assez beau; 30 et 31, sombre et froid.

Novembre. Treize au 14, pluvieux et un peu froid; 16, neige dans la nuit; 18 au 20, pluie; 21 au 26, beau, chaud, jours d'été jusqu'à la fin du mois.

Décembre. Premier et 2, neige; 3 au 8, variable; 10, la nuit, grande froidure et neige; 11 et 12, très-froid; 13 et 14, neige, temps doux; 16, très-clair et froid, jusqu'au 30, un peu de neige.

Janvier. Premier au 3, sombre un peu

froid; 4 au 6, grande pluie; 7 au 9, peu froid; 11, pluie; 23 et derniers jours, variable, vent et neige.

Février. Premier au 6, sombre, pluie, nébuleux et vent; 8, clair et un peu froid; 9 au 12, sombre, pluie et neige; 13 au 16, clair et froid; 18, pluie et neige; 19 et 20, vent froid; 22 au 26, clair, le matin froid et glace, la nuit plus froide; 29, dur et froid.

Mars. Premier au 6, dur, froid et vent; 8 au 17, froid; 19, vent, neige et pluie; 20 et 21, pluie et très-froid, l'après-midi clair.

VÉNUS.

Belle planète, claire, d'une blancheur brillante, termine, ainsi que le Soleil, tous les ans son cours. Elle est de nature humide et chaude, cependant moins que Jupiter, efféminée, tempérée, bonne dans toutes ses apparences, et a le surnom de *Fortuna minor*. Les personnes qui naissent sous son règne sont belles, ont des cheveux longs, une figure et des yeux ronds, aiment la musique et sont voluptueuses.

Elle régit, dans ce siècle, les années ci-après :

1801, 1822, 1843, 1864, 1885,
1808, 1829, 1850, 1871, 1892,
1815, 1836, 1857, 1878, 1899.

Les pays soumis à son influence, sont: l'Autriche, l'Alsace, la Livonie, la Lorraine, l'Irlande, la Suisse, la Franconie.

DE L'ANNÉE EN GÉNÉRAL.

Est plus humide que sèche, passablement chaude et quelquefois étouffante.

PRINTEMPS.

Quand l'année solaire a de longs froids, le printemps est tardif, ordinairement tempéré et bon pour les productions. Les semences sont grandes, et on peut y faire paître les moutons; on peut encore les laisser paître dans les prairies plus longtemps que les autres années.

ÉTÉ.

Si l'humidité ne dure pas trop au printemps, l'été sera chaud; s'il y a des pluies continuelles, l'été sera brûlant, ce qui arrive rarement et procure un bon vin. Il y a à prendre garde que le foin et les grains ne pourrissent dans les champs. Quand l'année est régie par Vénus, l'été est sec, les grains sont clairs, ce qui arrive lorsqu'on voit une éclipse de Soleil ou une comète en février, mars, avril et mai.

AUTOMNE.

Est communément beau et chaud dans le commencement, cela est de peu de durée, c'est pourquoi on doit couvrir les vignes et semer à bonne heure : car ordinairement, à la moitié de décembre, on a un temps d'hiver qui ne se radoucit qu'à Noël.

HIVER.

Est supportable, sec au commencement, ensuite variable. Du 12 février jusqu'à la fin du mois, très-humide. Il y aura de grandes inondations qui feront beaucoup de torts aux champs, aux maisons, aux hommes et aux bestiaux.

LES MARS.

S'il pleut journellement dans le printemps, on doit faire attention aux semences, car l'été qui suivra sera brûlant et il ne tombera pas d'eau pendant quelques semaines ; mais si le printemps n'est pas très-pluvieux, l'été qui suivra sera chaud, humide, brûlant, avec grand hâle et les grains seront retardés ; s'il est cependant comme à l'ordinaire, les fruits de l'été réussiront bien et on les rentrera sans perte. Si on voit qu'il pleut journellement dans le printemps, on devra semer les mars, tels que vesces, les pois et les lentilles dans les terrains maigres, sans quoi ils courraient risque de germer ou de pourrir. Si l'été est sec et aride, on ne doit pas compter sur une grande récolte de lin et de chanvre, le reste réussira bien.

GROS GRAINS.

Que l'année de Vénus soit comme elle voudra, les seigles et froments ne donneront que de la paille, à moins qu'on ne coupe les semences au printemps.

SEMAILLES D'AUTOMNE.

Il faut semer à bonne heure, à cause de l'hiver hâtif qui suit : on devra se passer de semer, car le temps contraire pourrait les faire germer.

FRUITS.

Si le printemps est très-humide, il y aura peu de ſruits; s'il est tempéré, il y aura beaucoup de pommes, de prunes, de noix, de cerises, mais peu de poires et point de glands.

HOUBLON.

Aura une belle croissance et sera en assez grande quantité.

VENDANGES.

On pourrait espérer une bonne récolte, mais les raisins tombent plus sous cette planète que sous aucune autre; avant le froid, le vin n'a rien à redouter; on fera bien de s'approvisionner de vin et de comestibles, car il y aura trois années stériles qui suivront.

VENTS, PLUIES ET ORAGES.

Il y aura beaucoup d'orages, peu de vents et des pluies subites.

BÊTES ET INSECTES.

Il y aura des serpens et des sauterelles, en été et en automne quantité de souris, et aussi beaucoup de vers dans les grains.

POISSONS.

Il y en aura assez, cependant peu de saumons et de truites.

MALADIES.

Celles régnantes seront les faiblesses d'estomac, des points de côté et des affections catarrhales.

CHANGEMENS DE TEMPS.

Mars. Du 23 au 31, variable, chaud, froid, sombre, dur, vent et pluie.

Avril. 1 et 2, variable; 3, neige, triste, vent et pluie jusqu'au 14; 15 au 22, beau; 23 au 30, variable mêlé de gelées blanches.

Mai. Les premiers jours beaux et chauds; le 7, tonnerre de temps en temps, pluie jusqu'au 17; 18 au 24, vent et variable; 25 au 29, sec; 30 et 31, chaud.

Juin. Chaud et beau du 1.er au 21, quelquefois du tonnerre et de la pluie, ensuite journellement désagréable jusqu'au 30.

Juillet. 1.er au 3, triste; 4, gelée blanche; 5 au 10, beau; 11 au 13, pluvieux; 16 et 17, beau temps pour le foin; 18 au 26, pluie; 27, beau; 28 au 30, orages; 31, beau.

Août. 1.er au 9, pluie; 10, beau temps; 11 au 15, pluie; 16, beau; 17 au 25, chaud; 26 au 30, pluie.

Septembre. 1.er au 10, beau temps d'automne; 11 au 19, obscur, triste; 20 au 25, frais et humide; 26 au 31, beau temps. Si, le jour de Saint-Egide, le temps est beau, 4 semaines suivront de même.

Octobre. 1.er au 2, beau; 3, tonnerre, éclairs, pluies; 4 au 9, peu agréable; 10 au 28, beau; 29, gelée blanche; 30, neige; 31, triste.

Novembre. 1.er au 5, triste et vent âpre; 6 au 8, beau, gai; 9, pluie froide jusqu'au 17; 18, neige jusqu'au 30.

Décembre. 1.er au 2, froid et neige; 8, pluie; 10 au 20, gelée et temps clair; 21 au 25, triste, puis froid jusqu'à la fin.

Janvier. 1.er au 7, froid; 8, neige; 9 au 14, froid; le 15, neige douce; 16 au 23, pluie qui dure jusqu'au 30, où le temps devient doux.

Février. Commence par une température triste; le 5, beau, ensuite peu gai; le 8, survient un grand froid; le 10, encore plus froid, et tel qu'il y en aura eu peu dans l'année; 11 et 12, très-froid; 13, chaud; 14 au 27, pluie et beaucoup d'eau ; 28, dur, vent, neige et triste.

Mars. Du 1.er au 22, pour la plupart froid.

MERCURE.

Est une petite planète dont l'aspect n'a rien de blanc, toujours près du Soleil ; il est d'une nature variable et changeant, bon comme les autres planètes quand les apparences sont belles, et mauvais quand elles sont mauvaises. Mâle et efféminé, il est ordinairement froid et sec. Les personnes qui naissent sous son règne ont de grands doigts, sont changeantes et peu communicatives.

Il régit, dans ce siècle, les années ci-après :

1802, 1823, 1844, 1865, 1886,
1809, 1830, 1851, 1872, 1893,
1816, 1837, 1858, 1879, 1900.

Les pays soumis à son influence, sont : la Lombardie, la Flandre, le Brabant, la Croatie et la Dalmatie.

DE L'ANNÉE EN GÉNÉRAL.

L'année est plus sèche et froide que chaude, rarement productive.

PRINTEMPS.

La fin de mars est chaude; avril, jusqu'au 25, sec; ensuite froid; mai a ses premiers jours durs, âpres et froids, tellement que les fruits en souffriront.

ÉTÉ.

A passablement de pluies, desquelles cependant la terre ne sera pas trop détrempée; il sera possible que les grains et les foins se rentrent bien, mais il ne faut pas perdre de temps.

AUTOMNE.

La première partie sera pluvieuse et assez froide, mais après la mi-octobre, le temps sera sec jusqu'au commencement de l'avent.

HIVER.

Après ce bel automne et au commencement de l'hiver, le froid se fera sentir subitement, il tombera de la neige jusqu'en février, qui sera un peu plus doux;

la moitié en sera très-froide jusqu'au 4 mars, ensuite grand vent jusqu'à la fin.

LES MARS.

Tout réussira assez bien. L'année sera bonne pour l'orge; l'avoine, les pois, les lentilles et les vesces devront être semés dans des terres ni trop sèches, ni trop humides. Le chanvre et le lin seront bons, et le chanvre restera petit.

GROS GRAINS.

Si l'an précédent l'été a été sec, cette année les froments et les seigles donneront beaucoup de paille et peu de grains. Si au contraire l'été a été humide, il y aura suffisamment de grains. Le froment et le seigle essuieront de la difficulté dans la fleur.

SEMENCES D'AUTOMNE.

Les premières et les dernières seront bonnes, les secondes seront mangées par les limaçons; les moutons pourront paître sur les premières, mais non sur les dernières semences.

FRUITS.

En certains endroits il y en aura beaucoup, en d'autres passablement, et en d'autres point du tout; ils se conserveront peu.

HOUBLON.

Il y en aura peu et il aura peu de force.

VENDANGES.

Le vin réussit bien rarement, par hasard une fois en 50 ou 60 ans, tourne presque toujours mal, et quand même les apparences seraient belles au printemps, il sera difficilement bon. Après cette année, il y en aura encore deux de manque, surtout si le bois n'a pas bien mûri.

PLUIE, VENTS ET ORAGES.

Le vent de l'est régnera le plus, quelquefois le vent de l'ouest, bien rarement celui du nord. L'été aura peu de tempêtes et d'orages.

INSECTES.

En automne il y aura des souris où les vers ne sont pas déjà. Beaucoup de limaçons qui endommageront les semences.

POISSONS.

En été il y en aura peu dans les rivières, l'automne en procurera plus.

MALADIES.

Seront lentes à guérir et auront lieu pour la plupart dans le printemps et à l'automne. Il y a ordinairement contagion cette année dans les bêtes.

CHANGEMENS DE TEMPS.

Mars. Le 22, pluie chaude; le 26, devient clair; 27 au 31, beau et chaud.

Avril. Froid et sec du 1.er au 15, de manière à ce que les romarins et les œillets gèleront dans les jardins; 25 au 30, chaud; le 28, tonnerre.

Mai. Du 1.er au 5, beau; 6, vent et hâle; 8 au 18, très-chaud, les semences souffriront de la sécheresse; 28 et 29, pluie chaude; 30 et 31, productif.

Juin. 1.er au 8, beau; 9 et 10, pluie; 11 au 13, nébuleux; 16 au 30, beau.

Juillet. 1.er au 4, grandes chaleurs; 5 au 19, pluvieux; 21 au 31, beau temps.

Août. 1.er et 2, très-chaud; 3 au 19, pluie; 20, beau jour; 21 au 31, variable.

Septembre. 1.er au 4, chaud et beau, forte pluie; ensuite tonnerre, après quoi beau temps jusqu'au 20; 21 au 30, pluvieux.

Octobre. 1.er au 13, pluvieux; 14, sombre et pluie; 15 et 16, beau; 17 au 24, pluie; 25 au 28, beau temps; 29 au 31, nébuleux et frais.

Novembre. 1.er au 4, beau temps; 5 et 6, grand vent; 7 et 8, pluie; 9 au 16, beau temps, quelquefois nébuleux; 17 au 25, sombre et froid; 26 au 30, pluie.

Décembre. 1.er, beau; du 2 au 15, impétueux; du 16 au 20, froid; 21 au 29, sombre, neige et ensuite très-froid.

Janvier. Froid pendant tout le mois, venteux, quelquefois doux.

Février. 1.er, sombre et doux; 3 au 6, sombre et frais; 8, beau; 10, pluie; 13 au 16, neige et grand froid jusqu'à la fin.

Mars. 1.er au 9, humide; 13 au 15, pluie; 18 au 20, verglas.

LA LUNE.

D'un aspect agréable, d'une grosseur

inégale, l'ornement de la nuit, engendre l'humidité et la rosée; elle est une planète d'une nature efféminée et termine son cours tous les 28 jours, 7 heures, 44 minutes. Elle est froide et humide, cependant avec un peu de chaleur. Les personnes qui naissent sous son règne, aiment les voyages et sont inconstantes dans leur manière de vivre et dans leurs goûts.

Elle régit, dans ce siècle, les années ci-après :

1803, 1824, 1845, 1866, 1887,
1810, 1831, 1852, 1873, 1894,
1817, 1838, 1859, 1880, 1901.

Les pays soumis à son influence, sont : la Bourgogne, la Hollande, la Zéclande et la Prusse.

DE L'ANNÉE EN GÉNÉRAL.

L'année en général est plus humide que froide et sèche.

PRINTEMPS.

Est très-humide, avec cela chaud et des intermittences de froid; le mois de mars est froid; avril, pluvieux; mai, beau au commencement, aura cependant des pluies qui seront suivies par de grands froids; juin sera vif, d'un air subtil et de temps en temps pluvieux.

ÉTÉ.

Quelquefois chaud, plus souvent froid.

AUTOMNE ET HIVER.

Au commencement humide, passablement froid, ensuite très-froid et humide; décembre aura de la neige qui sera suivie d'inondations; après le 20, assez froid, cependant sombre jusqu'au 12 janvier, puis un peu doux; ensuite encore froid jusqu'au 25; après quoi grande crue d'eau qui sera suivie par de la neige. Mars au commencement dur, après froid, ensuite chaud. Cet hiver, les moutons et les abeilles mourront facilement.

LES MARS.

Si cette année l'été est chaud, on ne doit pas tarder avec les semences d'été, cependant ne pas trop se presser, parce que quelquefois la chaleur est tardive. L'orge et l'avoine fourniront au moins une demi-récolte, ainsi que les lentilles, les vesces, les pois et le millet qui produiront, semés dans des terres convenables. Il y aura assez de foin, mais peu de regain.

SEMAILLES DE GROS GRAINS.

Les semences d'hiver et principalement celles de seigle produiront passablement si elles ont été faites à bonne heure et sont devenues grandes, on devra laisser paître les moutons dessus, sans quoi le grain deviendrait trop épais et donnerait plus de paille que de bled. Si la semence est belle en mai et très-haute, elle produira très-peu.

SEMAILLES D'HIVER.

Il faut semer aussitôt qu'il sera possible, parce que peu donnera assez: car par le temps froid, la pousse est très-lente, ou pour mieux dire il n'y en a pas. L'hiver venant trop tôt, c'est pourquoi il faut empêcher les moutons d'aller sur les semences, autrement il restera peu de chose. Il sera bon de semer profondément, car les semences pourraient être entraînées par de grandes eaux.

FRUITS.

Il y en aura peu et pas de glands.

HOUBLON.

Donnera à peu près moitié, il souffrira au printemps par la nielle.

VENDANGES.

Cette année il y aura peu de vin, tout au plus quart de vendanges. On devra se hâter de cueillir à bonne heure, parce qu'on ne doit pas espérer de beau temps.

VENTS, PLUIES ET ORAGES.

En hiver, il y aura de grands vents et beaucoup d'eau ; au printemps et en été, pas infiniment d'orages, cependant quelques-uns sans dommages marquans.

INSECTES.

Il y aura peu de grenouilles, crapauds, serpens et de sauterelles ; mais beaucoup de chenilles et de vers, et dans les grains beaucoup de souris.

POISSONS.

Il y en aura peu partout.

MALADIES.

A l'automne, il y aura des fièvres chaudes et d'autres maladies dangereuses. La rougeole régnera.

CHANGEMENS DE TEMPS.

Mars. Du 22 au 29, temps dur et impétueux ; 31, pluie.

Avril. 1.er au 9, venteux, sombre, pluie; 10 au 13, pluie; 14 au 20, froid; 21, beau; 26 au 30, pluie.

Mai. 1.er au 7, chaud; 10 au 19, très-chaud; 20 au 23, froid et pluie; 24, froid et gelée; 25 au 27, sombre; 28 et 29, froid; 30 et 31, chaud.

Juin. 1.er au 3, chaud; 4 et 5, sombre, nébuleux; le 7, pluie, ensuite chaud; 17 au 27, pluie; le 30, nuit froide.

Juillet. 1.er, nébuleux; 3 au 5, pluie continuelle; 7 au 13, venteux; 15, pluie; 16 au 31, beau temps.

Août. 1.er au 3, chaud; 10 au 13, gelée blanche et froid; le 14, pluie; 15 et 16, beau; 20, grande chaleur; 21 au 26, pluie; 27 au 31, beau.

Septembre. 1.e au 6, chaud; 8, gelée blanche; 9, sombre et froid; 13 au 16, beau; 18, pluie; 19 au 21, beau; 22 au 30, pluie et sombre.

Octobre. Du 1.er au 14, variable; 25, très-froid; 26, un peu de pluie; 29 et 30, froid; 31, pluie.

Novembre. 1.er au 16, pluie; 23, clair et froid; 24, doux; 29 et 30, froid continuel.

Décembre. 1.er, froid; 4, neige; 5 au 10, grandes eaux; 11 au 14, pluie et sombre; 21, neige; 22 au 31, plus froid.

Janvier. 1.er au 18, froid soutenu; ce jour sombre et tempéré; 19 au 24, froid et clair; 26, pluie; 27, grande pluie; 28 au 31, temps paisible.

Février. Le 1.er, vent; 2 et 3, pluie; 4 au 10, sombre et vent; 12 et 13, très-grand vent; 14, neige; 15 et 16, vent et pluie; 17 au 19, pluie et sombre; 20 au 28, beau temps.

Mars. 1.er au 5, dur et froid; 6 au 9, chaud; 11, pluie; 12 au 16, beau; 17 au 19, les matinées froides, le temps rude.

Remarques sur chaque année.

Si, lors de la fleur des grains, il y a éclipse de soleil, il y aura peu de grains, et par conséquent cherté. S'il y en a une en mars, avril et les quinze premiers jours de mai, il y aura bon vin, mais les grains manqueront, car l'été suivant sera sec.

Avertissement sur la durée des jours pendant toute l'année.

L'année se divise en douze mois, ou en cinquante-deux semaines, ou en 365 jours, 5 heures et 49 minutes, lesquelles heures et minutes, tous les quatre ans, forment un jour, qui, ajouté à l'année, lui donne le nom de bissextile. Une semaine a 7 jours et autant de nuits qui se composent de 24 heures, chaque heure de 60 minutes, et chaque minute de 60 secondes. Le soleil, une fois dans l'année, parcourt le zodiaque et termine son cours le 21 décembre; c'est l'époque où les jours sont les plus courts; le 22, ils commencent à grandir, et le 21 juin ils sont les plus longs, après quoi ils redeviennent courts.

Dans les jours courts, la chute du jour est de 30 minutes ou une demi-heure; et dans les grands jours, elle est de 90 minutes ou une heure et demie.

DE L'ENGRAIS DES TERRES ET DES JARDINS, ET DES SEMENCES.

De l'engrais des terres.

Suivant la nature des terres, un père de famille entendu doit soigner ses engrais. Il est bon de donner moins de fumier aux terres grasses qu'aux maigres; mais ne pas surcharger ces dernières, parce que le terrain est chaud et sec, et que l'engrais superflu rendrait la terre brûlante. Il vaut mieux renouveler ses engrais que d'en employer trop à la fois. Les terres humides et fortes doivent être fumées moins souvent que les autres; celles de froment doivent l'être à la fin de l'automne, celles de seigle et autres grains melés, dans le milieu de l'hiver; les friches et jachères à la Saint-Martin, et surtout dans le dernier quartier. Les prairies, en pleine lune. On doit faire attention à la nature de l'engrais, et choisir le meilleur possible : le fumier de chevaux, de vaches, de chêvres et d'ânes est le plus convenable; celui de pigeons, de poules et porcs, est très-chaud, demande à être mélangé et refroidi; celui des moutons est chaud, mais il est gras; celui des oies est très-dangereux pour les terres, et un poison pour les jardins.

De l'engrais des jardins.

Le fumier de chevaux, de vaches et de moutons est le meilleur. Celui des ânes, pigeons et poules, à cause de sa chaleur, doit passer l'hiver afin que l'humidité le consomme et le refroidisse.

On peut encore se servir de cendres de lessives, de la suie de poèle et du décombre pilé. Ceux qui s'appliquent à la culture des œillets peuvent encore employer utilement la vase des étangs, rivières, ruisseaux d'eaux stagnantes et des rivières. On fait sécher ce limon, on le mêle avec de la terre et on s'en sert à la nouvelle lune pour semer et planter les fleurs. Le tan qui a passé deux ou trois hivers à l'air, ainsi que les cendres, rendent très-productif et garantissent des insectes.

Des semences.

Comme elles ne réussissent pas également dans toutes les terres, un connaisseur doit s'appliquer à étudier la nature du sol qu'il travaille, car le seigle demande une terre fine, battue et bien fumée, ainsi que le froment. L'orge et l'avoine, au contraire, se plaisent dans une terre sèche et maigre; les pois et les lentilles dans une terre ni trop grasse ni trop maigre; les fèves et le millet dans une terre grasse, et les vesces dans les jachères; le lin et le chanvre dans une terre noire, le riz dans une terre humide. Ce qui est semé sur les montagnes ne doit pas changer de nature, également dans les plaines, toujours plutôt clair qu'épais. La nouvelle lune est souvent préjudiciable aux semences. Les savans agriculteurs prétendent en général qu'il fait bon semer quand la lune est très-claire, et sous les signes des poissons, de l'écrevisse, de la vierge, du verseau, de la balance ou des gémeaux, et cependant aux heures où elle n'est pas sur l'horison. Le seigle d'été doit être semé entre la nouvelle lune et le premier quartier, quand la lune est dans le signe de l'écrevisse, du scorpion et des poissons. Celui d'hiver, quand le soleil est sous le signe du scorpion ou du 4 septembre au 15 octobre, du 16 octobre au 11 novembre. L'orge doit être semée quand la terre est bien séchée. L'avoine dans la nouvelle et pleine lune.

Pour rendre les semences fertiles.

Les grains de semences doivent être amollis dans une marc épaisse de fumier, ou faire pratiquer un trou dans lequel on met de la fiente de cheval sans paille : on l'arrose souvent et on la couvre. Quand elle aura séjourné quelques semaines on la fera sécher. On la mettra dans une grande chaudière, on lui donnera quelques bouillons, ensuite on y laissera le grain pendant trois jours, afin qu'il se gonfle. On l'en tirera, puis on le fera sécher. On coupera de la paille afin que la semence ne soit pas trop épaisse, car plus clair semée elle est, plus l'épi devient fort et plus la récolte est abondante.

Autre recette.

Faire fondre ensemble deux parties de sel et une partie de salpêtre, faire dissoudre dans dix fois autant d'eau de pluie, arrosez votre semence avec cette dissolution, retournez bien le grain jusqu'à ce que le tout soit bien imprégné, étendez votre grain jusqu'à ce qu'il soit parvenu à une demi-dessication, puis employez-le.

SECRETS UTILES.

Pour clarifier le vin blanc.

Une once de colle de poisson pour une demi-feuillette, la couper par petits morceaux et la faire fondre dans de l'eau-de-vie avec l'attention de la remuer de temps en temps. Quand elle sera fondue, on la passera à travers un linge blanc mouillé, on la jettera dans le tonneau, puis on remuera le vin avec un bâton, sans aller jusqu'à la lie.

Pour clarifier le vin rouge.

Pour un hectolitre, prendre cinq blancs d'œufs sans y mêler les jaunes ni les coquilles, les introduire dans le tonneau, battre le vin avec un balai d'osier, au bout de quarante-huit heures il sera très-clair.

Pour dégraisser le vin.

Prenez deux onces de belle colle de poisson, coupez-la en morceaux bien menus, faites-la fondre dans une chopine de vin blanc sans la mettre sur le feu en la remuant de temps en temps; quand elle sera fondue, passez-la à travers un linge propre mouillé et jetez-la dans le tonneau par le trou de la bonde, ensuite attachez un linge au bout d'un bâton, faites-le entrer dans le tonneau, agitez-le bien dans le vin, tirez ce linge, tordez-le et le remettez de même trois ou quatre fois pour en ôter ce qui s'y sera attaché; laissez ensuite reposer le vin qui deviendra clair et sec.

Pour rétablir le vin tourné.

Pour une demi-feuillette de vin, prenez une livre et demie de prunelles vertes pilées dans un mortier de pierre ou de marbre, jetez cela dans le tonneau et le vin redeviendra bon.

Pour rétablir le vin gâté.

Tirez le vin au clair jusqu'à la lie dans un autre tonneau sur de bonnes lies; mêlez-y quatre muscades en poudre avec trois écorces d'orange aussi en poudre, bouchez bien le tonneau, il fermentera pendant quinze jours, après lequel temps il sera rétabli.

Pour ôter au vin le goût de moisi.

Faites un rouleau de pâte de froment, mettez-le à cuire à moitié au four, piquez-le de cloux de girofle et remettez-le au four jusqu'à ce qu'il soit bien cuit. Faites entrer le rouleau par le bondon, et suspendez-le de manière à ce qu'il ne touche pas le vin : trempez-le environ dix minutes dans le vin et le retirez. S'il n'a pas perdu tout à fait le goût de moisi, on recommencera l'opération deux jours après.

Manière de prendre des poissons à la ligne.

Prenez deux onces de graisse de bouc, une once de graisse de canard, deux grains de musc, un grain de civette, un peu de sang de veau et un peu de cumin, mêlez le tout ensemble et le conservez dans une petite bouteille bien bouchée. Pour pêcher, avant de lancer la ligne, vous frotterez les vers ou autres appâts avec cette composition. Le poisson viendra immanquablement mordre à l'hameçon.

Remèdes pour les chevaux.

Le cheval est sujet à une infinité de maladies que des remèdes prompts et que l'on peut facilement avoir sous la main empêchent souvent d'empirer. On n'entreprend pas ici de parler de maladies graves dans lesquelles l'homme de l'art seul doit être consulté, on se bornera à celles auxquelles le propriétaire pourra lui-même sans crainte apporter du secours.

On s'aperçoit qu'un cheval est malade ou prêt à l'être,

1.° Quand il ne fait que tâtonner son

avoine et son foin, et qu'il a du dégoût.

2.° Quand il a la tête penchée, pesante, l'œil triste et les oreilles froides.

3.° Quand sa fiente est dure, noire et liquide, ce dernier état quand il n'est pas au vert.

4.° Quand il n'est pas solide sur ses jambes, qu'il se couche et se retire souvent et qu'il regarde ses flancs.

5.° Quand il pisse goutte à goutte et sans s'alonger comme de coutume.

Baume pour les plaies, tumeurs et accidens externes.

Prendre une poignée de sauge et autant de vulnéraire, une demi-poignée de rue, une pincée de lavande et autant d'absinthe, une demi-livre de colophane et de poix blanche, quatre onces de cire jaune, le tout cuit ensemble; avant la fin de la cuisson, y mêler vingt onces d'huile d'olive et une once d'esprit de térébenthine : on passe cette composition à travers un linge propre, on la met dans un pot de terre vernissée en dedans; quand il est froid, on le couvre pour s'en servir à l'occasion.

Onguent pour toutes sortes de blessures et de plaies.

Prendre deux onces et demie de raisins de pain, quatre onces de gomme bouillie et passée à travers un tamis, on y mêle douze onces de térébenthine, on remet sur le feu, on y ajoute de l'aloës pulvérisé, de la myrrhe, de l'huile de baume, du sang de dragons, une demi-once de chacun, le tout réduit en onguent qui acquiert de la qualité en vieillissant. Il appaise la chaleur et le feu, guérit les blessures en peu de temps, en étanche le sang, les préserve de la pourriture et fait sortir les esquilles; il est encore bon pour guérir les enclouures.

Bouche échauffée.

Un cheval qui a la bouche échauffée ne mange pas comme de coutume, quand bien même il ne serait pas triste, on doit lui laver la bouche avec un gargarisme composé d'un peu de vinaigre, de sel, de blanc de poireau et d'ail pilé, le tenir au son de froment et lui continuer le gargarisme jusqu'à ce que l'appétit lui soit revenu.

Chancre.

Se guérit en le frottant avec une toile écrue grosse, jusqu'à ce que le sang coule; puis on lave la plaie avec du vinaigre dans lequel on aura fait infuser de la rue et de l'ail, en y ajoutant un peu d'eau-de-vie camphrée.

Corne.

Pour faire pousser la corne au pied d'un cheval, on prend du vieux-oing, du suif de mouton et de l'huile d'olive, de chacun une once, avec des feuilles de sureau, on fait du tout un onguent qu'on applique.

Crampe.

Quand on s'aperçoit qu'un cheval a la crampe, on lui fait faire quelques pas, et si elle ne se passe pas, on frictionne le membre qui en est attaqué, à rebrousse poil, avec une brosse rude.

Écart.

Aussitôt qu'un cheval aura pris l'écart, il faut le faire entrer dans l'eau, l'y laisser une bonne demi-heure les parties affectées sous l'eau. Quand il sera sorti, le faire saigner à la veine jugulaire, puis on appliquera un topique de décoctions de sauge, d'absinthe, de lavande et d'eau-de-vie camphrée. On mettra pendant le traitement le cheval à l'eau blanche, au son mouillé, à un très-bon foin mêlé avec de la paille. On terminera la cure par une médecine composée de deux onces de séné, quatre onces de miel commun sur lesquels on versera une chopine d'eau bouillante, qu'on lui fera prendre, et on le tiendra à l'eau blanche pendant le jour de la médecine.

Gale.

Prendre quatre onces de tabac en poudre, deux onces de suie de cheminées, une poignée de sel que vous battez dans une pinte de lessive forte; frottez d'abord les endroits galeux avec un bouchon de paille, puis appliquez dessus le liquide. Il est cependant prudent de ne se servir de ce remède extérieur qu'après que le cheval aura été purgé.

Vers.

Un verre d'eau-de-vie avec deux verres d'huile d'olive suffisent pour les détruire, en même temps il sera bon de donner des lavemens dans lesquels il entrera de l'huile.

MANIÈRE DE FAIRE LE CIDRE.

Les pays où les vins sont rares et chers, les vignobles même où la récolte des vins dans l'année sera d'une mauvaise qualité, ou aura manquée, peuvent remplacer cette boisson par du cidre, si le sol est planté d'une certaine quantité d'arbres fruitiers.

Il se fait avec des pommes que l'on doit cueillir par un temps sec; la pluie, la gelée, la rosée même leur font du tort. Quand elles sont cueillées on les étend dans une chambre, et lorsqu'elles ont acquis une maturité à peu près égale, on les met sous la meule qu'on fait travailler sans interruption, jusqu'à ce que le tout soit écrasé. On y met un vingtième d'eau, après quoi on le place sous le pressoir par couches séparées par des lits de crin, et l'on en tire le plus de jus possible, que l'on fait passer à travers un gros filtre, on le met en tonneau, où il fermente comme le vin. Le cidre fait de cette manière est très-fort, capiteux même, et dure longtemps.

Veut-on faire du cidre pour les ouvriers. On reprend les marcs du cidre dit ci-dessus, à fur et mesure qu'on les enlève du pressoir, on y rejette un quinzième d'eau, on repasse le tout sous la meule qui achève d'écraser les quartiers de pommes et les pepins qui auraient échappé, et on a une boisson encore passable.

Il faut éviter de déplacer les tonneaux lorsque le cidre a cessé de fermenter.

Le premier cidre peut être mis en bouteilles au mois de mars, et se conserve sept à huit ans.

Les marcs qui en restent sont jetés en un tas qu'on laisse pourrir pendant l'hiver, et font un bon engrais pour les terrains arides.

Le poiré.

Le poiré se fait suivant les mêmes procédés que le cidre, à l'exception que pour être bon, les poires ne doivent pas avoir acquis ce degré de maturité qui les. rend molles et quand elles sont près de la putridité.

On tire le même parti des marcs.

Remède pour guérir les coups de soleil.

L'habitant des campagnes qui travaille souvent dans les plus fortes chaleurs de l'été, ne sera pas fâché de connaître le traitement des coups de soleil auxquels il est si souvent exposé.

La boisson la plus à portée du campagnard et une des meilleures, est le petit lait. On appliquera sur toute la partie frappée, des linges trempés dans de l'eau fraîche à laquelle on mêlera un peu de vinaigre rosat. Le jus de laitue et d'artichauds sauvages est encore très-bon.

Traitement contre la piqûre des couleuvres.

Les morsures de couleuvres occasionnent en général une inflammation douloureuse qui conduit à l'insomnie ; mais comme elles peuvent être plus ou moins dangereuses, il est cependant bon de conseiller de faire sucer la plaie. Celui qui fait la succion n'a pas le moindre danger à courir s'il commence par se laver la bouche avec de l'huile d'olive.

Quand la plaie sera sucée, on la frottera avec de l'huile d'olive chaude, on mettra ensuite dessus un cataplasme de mie de pain et de lait avec un peu d'huile d'olive, ce qu'on continuera jusqu'à parfaite guérison.

Remède contre le chancre.

Une forte chaleur causée par la dentition est la cause ordinaire de cette maladie dans les enfans. On s'aperçoit facilement quand ils en sont attaqués par les contorsions de la bouche, les pleurs immodérés et la difficulté qu'ils éprouvent à mâcher la nourriture qu'on leur donne, même à prendre le sein, s'ils sont encore à cet âge. Pour sa guérison, on peut faire usage du remède suivant, qui a été bien des fois éprouvé avec succès.

Prenez une chopine de vinaigre fort dans laquelle vous mettez une poignée de sauge, la moitié d'une muscade, six cloux de girofle, un demi-gros d'alun calciné et une cuillerée de bon miel, vous mettez le tout dans une cruche que vous exposez au feu, vous faites réduire à moitié, ayant soin de le remuer souvent; puis vous le faites filtrer et le renfermez dans une bouteille bien bouchée pour vous en servir au besoin.

Quand on est obligé de s'en servir, on prend un linge un peu dur que l'on trempe dans ce liquide, on frotte le chancre jusqu'à ce qu'il saigne, il est rare, si on s'y prend à temps, qu'on soit obligé de frotter à quatre reprises.

Pour faire mourir les punaises.

Prenez une pinte de vinaigre fort dans lequel on fera infuser 3 onces de coloquinte, 3 onces de rue; laissez reposer dans une bouteille bien fermée pendant huit jours, et lavez les endroits où il s'en trouve.

Pour les extirper d'une couche qui en est infectée.

Mettre près des mortaises des feuilles de la grande consoude, elles s'y attacheront toutes, et on jettera le tout dans un feu ardent. Renouveler ce procédé pendant huit jours, et la couche en sera désinfectée.

Pour faire mourir les puces.

Prendre un seau d'eau, y mettre une livre de couperose blanche, et quand elle sera fondue en asperger la chambre. Il faut avoir soin de balayer doucement aussitôt que le plancher sera sec.

Pour désinfecter la viande.

Jeter dans la marmite un gros morceau de bon charbon de bois bien allumé, on le laisse bouillir avec la soupe, cela ôte la mauvaise odeur; ensuite, avec des épices fortes dans une sauce, on masque la fadeur que la viande qui a été infectée conserve.

FIN.

www.ingramcontent.com/pod-product-compliance
Ingram Content Group UK Ltd.
Pitfield, Milton Keynes, MK11 3LW, UK
UKHW020321220726
13923UKWH00003B/1300

9 782019 927608